〈팔만대장경〉은 초등학교 사회 5학년 1학기 [2. 다양한 문화를 꽃피운 고려]에 수록되어 있는 내용으로서, 몽골이 쳐들어왔을 때 고려 사람들이 나라를 구하려는 마음으로 부처님의 말씀을 새긴 팔만대장경에 대한 이야기예요.

추천·감수

정동찬 | 연세대학교 대학원 사학과를 졸업했습니다. 신지식인으로 문화관광부 문화재위원회 문화재 전문위원, 한국박물관학회와 한국과학사학회 이사, 과학기술 앰배서더로 활동하였습니다.

윤용현 | 고려대학교 대학원 문화재학과를 졸업했습니다. 전북도청 문화재분과 조사·심사위원, 한국산업기술사학회 편집위원을 지냈습니다. 현재 국립중앙과학관 학예연구관으로 있습니다.

윤대식 | 충북대학교 대학원 사학과를 졸업하고, 청주 백제유물전시관 학예연구사를 역임하였습니다. 현재 국립중앙과학관 학예연구사로 있습니다.

송명호 | 한국아동문학회 회장, 한문문인협회 상임이사, 국제펜클럽 한국본부 이사를 지냈습니다. 제1회 문화관광부 5월 예술상, 제1회 소년한국문학상, 소천아동문학상, 한국문학상, 대한민국문학상, 국제펜문학상을 받았습니다.

이상배 | 〈월간문학〉 신인상에 동화 '엄마 열목어'가 당선되었고, 대한민국문학상, 한국동화문학상, 한국아동문학상, 김동리문학상, 어린이도서상(기획편집) 등을 받았습니다.

글 함지슬

이화여자대학교 유아교육과를 졸업하고 어린이 책을 만드는 일을 했습니다. 2010년 제8회 푸른 문학상 '새로운 작가상'을 받았습니다. 쓴 책으로는 〈도서관 길고양이〉, 〈내 당근 봤니?〉, 〈어떤 얼굴일까?〉, 〈무얼 타고 갈까〉 등이 있습니다.

그림 아리

한양여자대학에서 일러스트레이션을 공부했습니다. 어릴 때부터 동화책을 좋아해서 동화 작가가 되었습니다. 그린 책으로는 〈사랑의 요정〉, 〈펄벅〉, 〈장난감 병정〉, 〈도깨비가 준 선물〉, 〈수학 마녀의 백점 수학〉, 〈너는 누구니〉 등이 있습니다.

 **58 전통문화 대장간**

몽골아, 썩 물러서라

총기획 및 발행인 박연환 **발행처** 한국톨스토이 **출판등록** 제406-2008-000061호
본사 경기도 성남시 분당구 금곡동 444-148 한국헤르만헤세 빌딩
대표전화 (031)715-8228 **팩스** (031)786-1001 **고객문의** 080-470-7722
편집 백영민, 송정호, 이승희, 윤정민 **디자인** 이성숙, 김란희, 이혜영, 김양희
이미지 제공 경기도박물관, 국립중앙박물관, 고양화장실전시관, 목탄연구소, 세종대왕기념사업회,
옹기민속박물관, 육군박물관, 연합포토, 이종백, 포인스닷컴, 청주고인쇄박물관, 화폐박물관

www.tolstoi-book.co.kr
이 책의 저작권은 **한국톨스토이**에 있습니다. 본사의 동의나 허락 없이는 어떠한 방법으로도 내용이나 그림을 사용할 수 없습니다.
⚠ 주의 : 본 교재를 던지거나 떨어뜨리면 다칠 우려가 있으니 주의하십시오. 고온 다습한 장소나 직사광선이 닿는 장소에는 보관을 피해 주십시오.

〈**전통문화 대장간**〉은 한국일보사가 주최하고 교육과학기술부, 대한출판문화협회에서 후원하여 국내 최고의 교육 제품을 선정하는 **한국교육산업대상**을 받았으며, 세계적인 **이탈리아 볼로냐 국제아동도서전 라가치상**에 출품하여 높은 평가를 받은 우수한 도서입니다.

58 천하제일 과학관
팔만대장경

몽골아, 썩 물러서라

글 함지슬 | 그림 아리

한국톨스토이

"오랑캐가 또 쳐들어왔다!"
"다들 빨리 피해요!"
마을 사람들은 놀라 이리저리 흩어졌어요.
몽골군은 재물을 빼앗고 사람들을 잡아갔어요.
검동이 아버지도 잡혀갔지요.
"아버지!"
"검동아, 너라도 어서 피해라!"

검동이는 아버지를 구해 내려 애썼지만 힘이 없었어요.
"누가 우리 아버지 좀 구해 주세요!"
이웃집 할머니는 한숨을 쉬며 말했어요.
"무조건 끌고 가거나 죽이니, 어쩌면 좋으냐!"
동네 할아버지도 걱정스레 말했어요.
"이게 다 몽골 놈들이 우리 대장경을 불태워서 그런 게야!
대장경만 있으면 부처님이 우릴 지켜 줄 텐데……."

쏙쏙 신토불이

옛날 사람들은 탑과 같은 건축물이나 대장경 등을 만들면 그것이 실제로 부처님의 힘을 가지고 나라나 자신들을 지켜 준다고 믿었어요. 이와 같은 믿음으로 만든 문화재가 여럿 있답니다.

몽골군의 침략이 점점 심해지자,
임금님은 수도를 강화도로 옮겼어요.
그러고는 신하들에게 명령했어요.
"당장 대장경을 만들도록 하라.
대장경이 있으면 백성들도 힘을 얻고
나라도 지킬 수 있을 것이다."

쏙쏙 신토불이

고려 시대에 거란족이 쳐들어왔을 때, 현종은 나라를 구하려는 뜻을 담아 초조대장경을 만들었어요. 그 뒤 거란 군사가 물러가자, 사람들은 대장경이 나라를 지켜 주었다고 믿었어요. 그런 초조대장경을 몽골군이 쳐들어와 불태워 버렸어요. 그래서 몽골을 쫓아내고 나라를 지키겠다는 마음으로 팔만대장경을 만들게 되었답니다.

마을에 대장경을 다시 만든다는 소식이 들려왔어요.
"백성들은 나라를 위한 일에 힘을 보태시오!"
사람들은 기쁜 마음으로 일하러 몰려들었어요.
검동이도 뭐든 하고 싶어 달려갔지요.
"무슨 일이든 시켜만 주세요!"
"그래, 열심히 한번 해 보아라.
대장경을 다시 만들면 몽골 놈들도 물러가고
아버지도 무사히 돌아오실 게다."

드디어 대장경을 만드는 일이 시작되었어요.
스님과 학자들은 불경의 내용을 정확하게 담기 위해
이미 나온 여러 책을 비교하고 연구했어요.
검동이는 당장이라도 경판을 새기고 싶었어요.
"왜 빨리 경판을 새기지 않는 거예요?"
"뭐든 준비가 필요한 법이지.
먼저 좋은 나무를 구해야 한단다."

쏙쏙 **신토불이**

대장경은 불경을 새긴 경전을 말해요. 불경은 부처님의 가르침을 담은 책이지요. 이러한 내용을 나무판에 새겨 책으로 찍어 내어 부처님의 말씀을 널리 알리고자 했답니다.

사람들은 먼저 줄기가 굵고
단단한 나무를 찾아 베었어요.
그러고는 적당한 크기로 잘랐지요.
그때 검동이가 물었어요.
"나무가 이렇게 많이 필요해요?"
"그럼, 팔만 장이 넘는다고 하니, 이 정도로는 모자라지.
그래서 나라 곳곳에서 열심히 만들고 있단다."

사람들은 오랫동안 나무판을 소금물에 담가 두었다가
다시 소금물에 푹푹 삶은 다음 그늘에서 잘 말렸어요.
나무판이 썩지 않고 잘 보존되라고 그러는 거예요.
검동이는 못마땅해서 투덜거렸어요.
"이렇게 오래 걸려서야 언제 대장경을 만들고
언제 아버지가 돌아오신담!"
한쪽에서는 종이를 만드느라 한창 바빴어요.
검동이도 일꾼들을 도와 종이를 만들었어요.

대장경을 만드는 일은 정말 오래 걸렸어요.
나무판을 말리는 데만 일 년이 넘게 걸렸지요.
그사이 검동이는 글씨를 새기는 각수장이가 되었어요.
어느 날, 검동이는 나무판을 보고 소리쳤어요.
"나무판이 다 말랐어요!
이제 잘 다듬어서 글씨를 새겨야겠어요."

스님과 학자들은 그동안 정리한 불경을
한 자 한 자 손으로 썼어요.
그다음 온 나라의 각수장이들이 모여
그 글을 정성껏 나무판에 새겼지요.
검동이도 부지런히 글씨를 새겼어요.
"부처님, 부디 우리 아버지를 지켜 주세요.
그리고 몽골군도 우리 땅에서 물러가게 해 주세요."

나무판을 새기고 나면 스님이 확인했어요.
"저런, 이 부분이 잘못되었구나. 다시 해야겠다."
틀린 부분은 도려내고 다시 고쳐 넣었어요.
어린 일꾼이 검동이에게 물었어요.
"이렇게 힘들게 만들었는데, 벌레 먹으면 어떡해요?"
"다 방법이 있지. 옻을 바르면 되거든."
사람들은 나무판에 먹을 바른 뒤,
두세 차례 옻칠을 하여 정성껏 말렸어요.
그런 다음 구리판을 대어 단단히 고정시켰지요.

"대장경이 다 만들어졌대요!"
마을 사람들이 소리치며 달려왔어요.
온 나라 사람들은 덩실덩실 춤을 추며 기뻐했어요.
검동이도 기뻐서 절로 눈물이 났지요.
"드디어 완성되었구나!"

쏙쏙 신토불이

고려대장경은 8만 4천 가지 중생의 번뇌를 그려 낸 법문을 담았다 하여 팔만대장경이라 불렸어요. 경판을 모두 쌓으면 백두산보다 높다고 해요. 무려 16년 동안 만들었대요.

쏙쏙 신토불이

사실 대장경이 몽골군을 물리치고 백성들을 살린 것은 아니에요. 하지만 백성들은 대장경을 만들면서 몽골에 대항하는 정신을 잃지 않았어요. 그 마음이 오롯이 대장경에 담겨 있답니다.

사람들은 팔만대장경으로 책을 펴내
부처님의 가르침을 널리 퍼뜨렸어요.
얼마 뒤 검동이 아버지도 무사히 집으로 돌아왔어요.
"아버지!"
"검동아, 그동안 고생이 많았다!"
몽골군의 괴롭힘은 계속되었어요.
하지만 백성들은 더욱더 똘똘 뭉쳤지요.
그것이 다 대장경 덕분이었답니다.

몽골군이 우리 땅에서 물러간 뒤에도
팔만대장경을 지키는 것은 쉽지 않았어요.
조선 시대에 임금님은 이렇게 명령했어요.
"대장경을 호시탐탐 노리는 자가 많으니,
산속 깊은 절 해인사로 옮기도록 하라."

넘어지지 않도록 조심하시게.

그리하여 해인사에 장경판전을 만들고,
팔만대장경을 귀하게 보관하였답니다.

쏙쏙 신토불이

해인사에는 대장경을 보관하고 있는 장경판전이 있어요. 이 건물은 나무판이 썩지 않도록 과학적 원리를 이용하여 만들어졌어요. 자연적으로 건조하고 시원한 바람이 통하게 만든 것이지요. 대장경뿐 아니라 장경판전에도 조상의 지혜가 담겨 있답니다.

팔만대장경은 자랑스러운 우리의 문화유산이에요.
지금까지 남아 있는 세계의 대장경 중
가장 오래된 것이지요.
내용도 정확하고, 틀린 글자도 거의 없어요.
팔만대장경의 우수성이 세계에 알려지면서
유네스코 세계 문화유산으로 지정되었답니다.

콕콕 우리문화 족집게

부처님의 힘으로 오랑캐를 몰아내자!

온 나라가 몽골군의 침입으로 어려움을 겪을 때, 부처님의 힘을 빌려 몽골군을 몰아내려고 팔만대장경을 만들었어요. 임금과 신하는 물론 백성들까지 한마음으로 그 일에 힘을 쏟았지요. 고려의 혼이 담긴 팔만대장경에 대해 알아볼까요?

애국심과 불심이 깃든 팔만대장경

고려 후기에 몽골의 침략이 거듭되자 8만 4천 가지 불경을 목판에 새기기 시작했어요. 이 일은 1236~1251년까지 전쟁 통에도 계속되었지요. 수많은 사람과 물자를 들여 완성한 팔만대장경은 나라를 사랑하는 마음과 부처를 믿는 마음이 담긴 뛰어난 문화재예요.

▲ 팔만대장경이 보관되어 있는 경남 합천의 해인사

팔만대장경, 숫자로 알아볼까요?

경판의 수는 81,258장이에요. 경판의 앞·뒷면에 새겨진 글자는 640여 자로 모두 합하면 5,200만 자쯤 돼요. 200자 원고지로 치면 25만 장이 훌쩍 넘지요. 경판 한 면을 새기는 데는 솜씨 좋은 기술자도 며칠씩 걸렸는데, 전부 만드는 데 16년이란 세월이 걸렸어요.

▲ 고려의 목판 인쇄술이 최고 수준임을 보여 주는 팔만대장경

활자판을 요리조리 뜯어볼까요?

경판이 뒤틀리지 않게 양옆에 마구리를 댔어요. 마구리는 손잡이 역할도 해요.

경판을 쉽게 찾도록 마구리의 등에 제목, 권수, 쪽수를 표시해 두었어요.

가로 69cm

세로 24cm

두께 3cm

경판 뒷면에는 또 다른 불경이 새겨져 있어요. 앞면과 뒷면을 모두 활용한 거지요.

경판 표면에는 옻나무 진을 칠했어요. 습기와 벌레, 곰팡이를 막기 위해서예요.

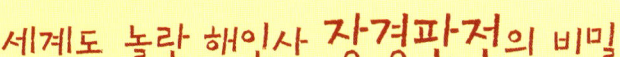

세계도 놀란 해인사 장경판전의 비밀

▲ 해인사 장경판전

팔만대장경은 해인사 장경판전에 보관되어 있어요. 만든 지 760년도 넘었지만 마치 어제 만든 듯 깨끗하죠. 도대체 그 비결은 뭘까요? 먼저 일 년 내내 그늘지고 바람이 잘 통하는 건물 구조를 들 수 있어요. 건물 앞뒤 벽에 있는 커다란 살창이 환기를 돕지요. 바닥에도 비밀이 있어요. 습기를 빨아들이고 해충을 없애 주는 숯과 소금이 가득 묻혀 있거든요. 장경판전은 과학적으로 우수하게 만들어진 건물이랍니다.

똑똑 교과서 X-파일

팔만대장경은 어떻게 만들어졌을까요?

5,200만여 자나 되는 글자 하나하나를 새길 때마다 절을 세 번씩 했다고 하는 팔만대장경. 인류 역사상 가장 아름답고 정확한 대장경이라는 팔만대장경은 어떤 과정을 거쳐 만들어졌을까요?

1 대장경을 만들기로 결정하고, 강화도에 그 일을 맡아보는 '대장도감'이란 관아를 설치해요.

왜 강화도에 설치했을까?

임금이 강화도에 피난 내려가 있었거든. 또 경남 남해에는 대장경 작업장을 설치했대.

나무가 갈라지거나 뒤틀리지 않고, 벌레나 좀이 스는 걸 막기 위해서지.

2 크고 곧은 나무를 베어 바닷물 속에 몇 년씩 담그고, 바람결에 1년을 말려요.

③ 초조대장경과 다른 나라의 대장경 등을 참고하여 정확한 대장경 원고를 만들어요.

④ 한지에 원고를 써서 경판에 거꾸로 붙여요. 솜씨 좋은 각수가 조각칼과 나무망치로 글자를 새겨요.

어, 초조대장경은 또 뭐지?

고려 현종 때 만든 대장경이야. 목판은 몽골군이 불태워 없어졌대.

각수는 나무나 돌 따위에 조각하는 사람을 말해.

⑤ 경판을 다 새기면 한 장씩 찍어 내어 틀린 글자와 빠진 글자가 없는지 확인해요.

⑥ 완성된 경판은 마구리를 붙이고 옻칠을 해서 장경판전에 옮겨 보관해요.

틀린 글자를 발견하면 다른 나무에 올바른 글자를 새겨 감쪽같이 붙여 넣었대.

팔만대장경이 오랫동안 깨끗하게 보존될 수 있는 것도 옻칠 덕이 커.

전통문화 대장간 교과 수록 및 연계

권	주제	제목	교과 수록 및 연계
1	우리 문화의 뿌리	널리 인간을 이롭게 하라	초등학교 사회 5학년 1학기(1. 하나 된 겨레) / 초등학교 사회 5학년 2학기(3. 우리 겨레의 생활 문화) / 중학교 역사(상)(지학사, 대교, I. 문명의 형성과 고조선의 성립) / 중학교 역사(상)(미래엔컬처그룹, I. 문명의 형성과 고조선의 성립)
2	고인돌	고인돌이 무덤이라고?	초등학교 사회 5학년 1학기(1. 하나 된 겨레) / 중학교 사회 1학년(천재교육, 8. 문화의 이해와 창조) / 중학교 역사(상)(천재교육, 두산동아, 지학사, 대교, 교학사 I. 문명의 형성과 고조선의 성립)
3	벽화	벽화에서 나온 고구려 무사	초등학교 사회 5학년 1학기(1. 하나 된 겨레) / 중학교 역사(상)(대교, II. 삼국의 성립과 발전, 두산동아, 비상교육, III. 통일 신라와 발해)
4	열두 띠	하늘나라로 달려간 열두 동물들	초등학교 사회 3학년 2학기(3. 다양한 삶의 모습들) / 중학교 역사(상)(대교, VI. 조선의 성립과 발전)
5	경주 유적	신라의 수도 경주로 가 볼까?	초등학교 사회 5학년 1학기(1. 하나 된 겨레) / 초등학교 사회 5학년 2학기(3. 우리 겨레의 생활 문화)
6	서당	멍멍이도 하늘 천 땅 지	초등학교 사회 5학년 1학기(3. 유교 전통이 자리 잡은 조선) / 중학교 역사(상)(미래엔컬처그룹, IV. 고려의 성립과 발전, 천재교육, 지학사, 미래엔컬처그룹, VI. 조선의 성립과 발전)
7	문화의 전파	조상님, 왜 일본으로 가셨나요?	초등학교 사회 5학년 1학기(1. 하나 된 겨레) / 중학교 역사(상)(지학사, 대교, 천재교육, 비상교육, 두산동아, II. 삼국의 성립과 발전, 천재교육, 대교, 미래엔컬처그룹, III. 통일 신라와 발해)
8	화폐	돈 나와라, 뚝딱!	초등학교 사회 3학년 2학기(2. 달라지는 생활 모습) / 중학교 역사(상)(대교, I. 문명의 형성과 고조선의 성립, 비상교육, 미래엔컬처그룹, 교학사, II. 삼국의 성립과 발전, 두산동아, 지학사, 대교, IV. 고려의 성립과 발전)
9	궁궐	장원 급제한 세자마마	초등학교 사회 5학년 1학기(3. 유교 전통이 자리 잡은 조선)
10	장인	내 솜씨 한번 볼래?	초등학교 사회 5학년 2학기(3. 우리 겨레의 생활 문화) / 초등학교 사회 6학년 1학기 (1. 우리 국토의 모습과 생활) / 중학교 역사(상)(미래엔컬처그룹, VI. 조선의 성립과 발전) / 중학교 과학 1학년(지학사, 3. 상태 변화와 에너지)
11	장승	장승아, 마을을 지켜 줘	초등학교 사회 3학년 2학기(3. 다양한 삶의 모습들) / 초등학교 사회 5학년 2학기(3. 우리 겨레의 생활 문화) / 중학교 사회 1학년(교학사, VIII. 문화의 이해와 창조) / 중학교 역사(상)(지학사, 천재교육, 비상교육, I. 문명의 형성과 고조선의 성립)
12	민속 신앙	집 안에 웬 신이 이리 많을까	초등학교 사회 5학년 2학기(3. 우리 겨레의 생활 문화)
13	설과 추석	떡국 먹고 송편 빚고	초등학교 사회 3학년 2학기(3. 다양한 삶의 모습들)
14	대보름	달아 달아 둥근달아	초등학교 사회 3학년 2학기(2. 달라지는 생활 모습) / 초등학교 사회 5학년 1학기(3. 유교 전통이 자리 잡은 조선)
15	단오	향단아, 그네를 밀어라	초등학교 사회 3학년 2학기(3. 다양한 삶의 모습들) / 초등학교 사회 5학년 2학기(3. 우리 겨레의 생활 문화)
16	탄생	고추 달고 숯 달고	초등학교 사회 3학년 2학기(3. 다양한 삶의 모습들)
17	혼례	연지 찍고 가마 타고	초등학교 사회 3학년 2학기(3. 다양한 삶의 모습들) / 중학교 역사(상)(지학사, 두산동아, V. 고려 사회의 변천)
18	장례	꽃가마 탄 할아버지	초등학교 사회 3학년 2학기(3. 다양한 삶의 모습들)
19	민속놀이	어절씨구 한판 놀아 보세	초등학교 사회 3학년 2학기(2. 달라지는 생활 모습) / 초등학교 사회 5학년 1학기(3. 유교 전통이 자리 잡은 조선) / 초등학교 사회 5학년 2학기(3. 우리 겨레의 생활 문화) / 중학교 역사(상)(대교, I. 문명의 형성과 고조선의 성립, 미래엔컬처그룹, II. 삼국의 성립과 발전, 미래엔컬처그룹, 대교, III. 통일 신라와 발해, 비상교육, 대교, 미래엔컬처그룹, V. 고려 사회의 변천)
20	탈춤	덩더꿍덩더꿍 탈춤을 추자	초등학교 사회 5학년 2학기(3.우리 겨레의 생활 문화) / 중학교 1학년 사회(새롬교육, IV. 지역마다 다른 문화)
21	북과 종	북돌이와 종칠이의 꿈	초등학교 사회 5학년 1학기(1. 하나 된 겨레) / 초등학교 사회 5학년 2학기(3. 우리 겨레의 생활 문화) / 중학교 역사(상)(천재교육, 대교, III. 통일 신라와 발해)
22	전통 악기	거문고 뜯고 가야금 타고	초등학교 사회 5학년 1학기(3. 유교 전통이 자리 잡은 조선) / 중학교 역사(상)(미래엔컬처그룹, II. 삼국의 성립과 발전)
23	전통 음악	최고의 소리꾼이 되고 싶어	초등학교 사회 5학년 1학기(3. 유교 전통이 자리 잡은 조선) / 중학교 사회 1학년(교학사, 두산동아, 지역마다 다른 문화, 법문사, VIII. 문화의 이해와 창조)
24	농사	에헤라, 풍년일세!	초등학교 사회 3학년 2학기(2. 달라지는 생활 모습) / 중학교 사회 1학년(미래엔컬처그룹, IV. 지역마다 다른 문화, 비상교육, VIII. 문화의 이해와 창조) / 중학교 역사(상)(천재교육, VI. 조선의 성립과 발전)
25	밥상	푸짐한 밥상, 소박한 밥상	초등학교 사회 3학년 2학기(2. 달라지는 생활 모습) / 초등학교 사회 5학년 1학기(1. 하나 된 겨레)
26	전통 떡	쑥덕쑥덕 떡 잔치가 열렸네	초등학교 사회 5학년 1학기(3. 유교 전통이 자리 잡은 조선) / 초등학교 사회 5학년 2학기(3. 우리 겨레의 생활 문화) / 중학교 1학년 사회(새롬교육, IV. 지역마다 다른 문화)
27	전통 군음식	이거 한번 먹어 봐	초등학교 사회 3학년 2학기(2. 달라지는 생활 모습)
28	김치	김치 없이는 못 살아	초등학교 사회 3학년 2학기(3. 다양한 삶의 모습들) / 초등학교 사회 5학년 1학기(3. 유교 전통이 자리 잡은 조선) / 초등학교 과학 5학년 1학기(4. 작은 생물의 세계) / 중학교 과학 3학년(지학사, 5. 물질 변화에서의 규칙성) / 중학교 역사(상)(미래엔컬처그룹, II. 삼국의 성립과 발전) / 중학교 1학년 사회(법문사, 교학사, 대교, 금성, VIII. 문화의 이해와 창조)
29	메주	쿠크 별로 간 된장	초등학교 사회 5학년 1학기(3. 유교 전통이 자리 잡은 조선) / 초등학교 과학 5학년 1학기(4. 작은 생물의 세계) / 중학교 과학 1학년(삼화, 2. 분자의 운동) / 중학교 1학년 사회(대교, IV. 지역마다 다른 문화)
30	장날	아빠, 장 보러 가요	초등학교 사회 3학년 1학기(3. 사람들이 모이는 곳) / 초등학교 사회 3학년 2학기(2. 달라지는 생활 모습) / 중학교 역사(상)(비상교육, VI. 조선의 성립과 발전)
31	팔도 음식	전주비빔밥에 안동 식혜	초등학교 사회 5학년 2학기(3. 우리 겨레의 생활 문화) / 중학교 1학년 사회(교학사, IV. 지역마다 다른 문화)
32	조선의 명화	앗, 김홍도 할아버지다!	중학교 역사(상)(두산동아, 대교, 두산동아, VI. 조선의 성립과 발전)
33	전통 문양	단청아, 넌 너무 예뻐	초등학교 사회 5학년 2학기(3. 우리 겨레의 생활 문화) / 중학교 역사(상)(미래엔컬처그룹, II. 삼국의 성립과 발전, 대교, 미래엔컬처그룹, III. 통일 신라와 발해, 대교, IV. 고려의 성립과 발전, 미래엔컬처그룹, V. 고려 사회의 변천)